•••◉ *COUPS D'ŒIL* ◉•••

L'ASTRONOMIE

John Farndon
Adaptation française de Paloma Cabeza-Orcel

Gründ

Texte original : John Farndon
Conseiller : Tim Furniss
Adaptation française : Paloma Cabeza-Orcel
Secrétariat d'édition : Luc-Édouard Gonot
Photocomposition : P.A.Oh ! – Dole

ISBN 2-7000-1038-8
Dépôt légal : janvier 2005
Imprimé en Chine

Loi n° 49-956 du 16 juillet 1949 sur les publications destinées à la jeunesse

Sommaire

Copernic

- **Jusqu'au XVIe siècle,** la plupart des gens pensaient que la Terre était au centre de l'Univers et que tout – la Lune, le Soleil, les planètes et les étoiles – tournait autour d'elle.

- **Nicolas Copernic** fut l'astronome qui le premier suggéra que le Soleil était le centre de l'Univers et que la Terre tournait autour de lui – c'est une vision héliocentrique du monde.

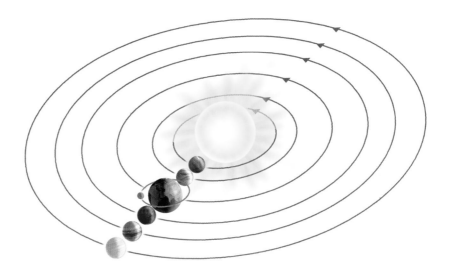

▲ *En 1543, Nicolas Copernic proposa une théorie révolutionnaire : la Terre et les autres planètes se déplacent autour du Soleil. On croyait auparavant que le Soleil et les planètes tournaient autour d'une Terre stationnaire.*

▶ *« La Terre, écrivait Copernic, emmenant la trajectoire de la Lune, suit une grande orbite parmi les autres planètes au cours d'une révolution annuelle autour du Soleil. »*

- **Copernic est né** le 19 février 1473 à Torun en Pologne, et est mort le 24 mai 1547.

- **Neveu d'un évêque,** Copernic passa l'essentiel de sa vie comme chanoine à la cathédrale de Frauenburg, dans l'est de la Prusse (aujourd'hui l'Allemagne).

- **Copernic décrivit ses idées** dans un traité intitulé *De revolutionibus orbium coelestium libri VI* (Sur les révolutions de la sphère céleste).

- **L'Église catholique romaine** mit le livre de Copernic à l'index durant près de 300 ans.

- **Copernic ne tira pas ses idées** de l'observation du ciel nocturne mais de l'étude de l'astronomie ancienne.

- **Il fut mis sur la voie** par la façon dont les planètes semblaient faire marche arrière de temps à autre sur la voûte étoilée.

- **La première preuve** de la théorie de Copernic fut apportée en 1609 par Galilée qui observa avec une lunette des lunes tournant autour de Jupiter.

- **Le bouleversement d'idées** apporté par Copernic est connu sous le terme de Révolution copernicienne.

Le ciel nocturne

- **La nuit, le ciel noir** est éclairé par la Lune et de petits points lumineux.

- **La plupart de ces points lumineux** sont des étoiles. Les points mobiles présentant des variations d'éclat sont des satellites artificiels.

- **Les « étoiles » les plus brillantes** qui ne scintillent pas, souvent les premières à apparaître, sont en fait des planètes : Jupiter (grosse et brillante), Saturne (jaunâtre), Vénus (très blanche et brillante) et Mars (pâle et rougeâtre).

- **Vous pouvez distinguer** environ 2 000 étoiles à l'œil nu.

- **La bande pâle et brumeuse** au milieu du ciel est la Voie lactée, notre propre galaxie vue sur la tranche.

- **La place des étoiles les unes par rapport aux autres** dans le ciel nocturne est fixe. L'ensemble des étoiles semble tourner au fil de la nuit, mais c'est la Terre qui tourne sur elle-même.

- **Il s'écoule 23 heures 56 minutes** avant que la voûte céleste revienne à la même place dans le ciel, du fait de la rotation de la Terre.

- **Comme la Terre orbite autour du Soleil,** la voûte céleste se trouve à une place légèrement différente chaque nuit à la même heure.

- **Nous ne voyons pas les mêmes étoiles** suivant que nous habitons l'hémisphère Nord ou l'hémisphère Sud.

▼ *La Voie lactée, notre galaxie, est visible depuis la Terre comme une étroite écharpe pâle et brumeuse.*

. . . LE SAVIEZ-VOUS ? . . .
Outre la Voie lactée, vous pouvez voir
à l'œil nu une autre galaxie,
celle d'Andromède, située à
2,2 millions d'années-lumière.

◄ *La lumière des étoiles vacille car elle est perturbée par les remous de l'atmosphère terrestre engendrés par la chaleur.*
En regardant le ciel nocturne à l'œil nu, vous pouvez voir près de 2 000 étoiles, mais les puissants télescopes en révèlent des millions. Certaines des étoiles visibles à l'œil nu sont distantes de trillions de kilomètres – leur lumière met des années à nous parvenir.

L'astronomie

- **L'astronomie est l'étude des objets célestes** de l'Univers comme les planètes et leurs lunes, les étoiles ou les galaxies.

- **L'astronomie est la plus ancienne des sciences.** Les premières observations astronomiques datent de dizaines de milliers d'années.

- **Les Égyptiens** utilisaient leurs connaissances astronomiques pour établir leur calendrier et aligner leurs pyramides.

- **Le mot « astronomie »** vient du grec ancien *astron*, qui signifie « astre », et *nomos*, signifiant « loi ».

- **Les lunettes astronomiques et les télescopes** permettent d'étudier des objets bien plus pâles et bien plus lointains que ceux discernables à l'œil nu.

- **Les objets célestes émettent d'autres rayonnements** que la lumière visible et qui sont détectés avec des équipements spéciaux (*voir* Radiotélescopes et Télescopes spatiaux).

▲ *La plupart des observatoires astronomiques sont situés loin des villes, dans des sites offrant un ciel très pur.*

- **Les astronomes professionnels** examinent davantage des photographies ou des images numériques du ciel qu'ils n'observent celui-ci au télescope, car la plupart des objets lointains ne sont révélés que sur des photographies à longue pose.

- **Les astronomes découvrent de nouveaux objets célestes** en comparant des photographies du même secteur du ciel prises à différents moments.
- **L'astronome professionnel** utilise un équipement sophistiqué, mais des amateurs munis de jumelles continuent cependant de faire des découvertes importantes.

▼ *Les grandes pyramides égyptiennes de Gizeh auraient été alignées avec certaines étoiles.*

Hipparque

- **Hipparque de Nicée** est un astronome grec qui vécut au IIe siècle av. J.-C. Il mourut en 127 av. J.-C.

- **Les fondements de l'astronomie** ont été posés par Hipparque et demeurèrent inchangés pendant 1 500 ans avant d'être remis en question par Copernic.

- **Les antiques tablettes babyloniennes** rapportées par Alexandre le Grand de ses conquêtes ont aidé Hipparque à effectuer ses observations astronomiques.

- **Hipparque est le premier astronome** ayant essayé de déterminer l'éloignement du Soleil.

- **Le premier catalogue d'étoiles,** comprenant 850 objets, fut établi par Hipparque.

- **Hipparque est aussi le premier** à avoir systématiquement identifié les constellations et à avoir décrit les étoiles en termes de magnitude (*voir* Luminosité d'une étoile).

- **Hipparque a aussi découvert** que la position relative des étoiles aux équinoxes (le 21 mars et le 21 décembre) se décale lentement – c'est la « précession des équinoxes ». Les étoiles mettent 26 000 ans pour revenir à leur place initiale.

- **La branche des mathématiques appelée trigonométrie** aurait été également inventée par Hipparque.

▲ *Une partie des connaissances astronomiques d'Hipparque provient de Sumériens qui ont transcrit nombre de leurs découvertes sur des tablettes d'arg.*

▲ *Hipparque a mené ses observations à Rhodes. Il est le premier à avoir repéré la position géographique des lieux par leur latitude et leur longitude.*

Les observatoire.

- **Les observatoires** sont des endroits particuliers où les astronomes étudient l'espace. Pour offrir la meilleure vue du ciel nocturne, la plupart sont construits au sommet de montagnes, loin de la pollution, de la chaleur et des lumières urbaines.

- **L'un des plus grands complexes d'observatoires astronomiques** est situé à 4 200 m au-dessus du niveau de la mer dans le cratère du Mauna Kea, un volcan éteint des îles Hawaii.

- **Dans la plupart des observatoires,** les télescopes sont abrités sous un dôme pivotant qui permet de continuer à viser les mêmes étoiles malgré la rotation de la Terre.

- **Le plus vieil observatoire** est la Tour des vents à Athènes, qui date de 100 av. J.-C.

- **Dans l'observatoire impérial de Pékin** (Beijing) en Chine se trouvent des instruments astronomiques en bronze vieux de 500 ans.

- **L'un des plus anciens observatoires** encore en activité est l'Observatoire de Paris, fondé en 1667 par Louis XIV.

▲ *L'observatoire de la Tour des vents à Athènes, en Grèce est le plus ancien observatoire du monde encore existant.*

- **L'observatoire le plus élevé,** celui de Denver dans le Colorado (États-Unis), est perché à 4 300 m d'altitude.

- **L'observatoire le moins élevé** se trouve 1,7 km sous terre. Situé au fond de la mine de Homestake dans le Dakota (États-Unis), c'est en fait un « télescope à neutrinos » – un immense réservoir d'eau destiné à piéger ces particules évanescentes (*voir* Rayons cosmiques).

- **Les premières photographies d'étoiles** ont été prises en 1840. Aujourd'hui, la plupart des astronomes s'appuient sur des photographies plutôt que sur des observations visuelles.

● **Les images astronomiques** sont prises par des détecteurs appelés CCD (dispositif à couplage de charges), qui délivrent des signaux électriques lorsque les rayons lumineux les frappent.

▶ *L'observatoire de Kitt Peak en Arizona (États-Unis).*

Les télescopes

- **Lunettes et télescopes** optiques grossissent les objets distants à l'aide de lentilles ou de miroirs qui collectent et courbent les rayons lumineux jusqu'au foyer de l'instrument où se forme l'image.

- **Des télescopes spécifiques détectent les rayonnements électromagnétiques** autres que le visible : radio (les radiotélescopes), infrarouge, ultraviolet, rayons X (*voir* Rayons X), etc.

- **Les lunettes astronomiques** utilisent des lentilles réfractrices (convexes) pour collecter et amplifier la lumière des objets célestes.

- **Les télescopes** utilisent un système de miroirs réflecteurs concaves pour collecter et amplifier la lumière des objets célestes.

- **Comme la lumière y est plusieurs fois réfléchie** pour être concentrée, les télescopes sont plus larges mais plus courts que les lunettes.

- **L'image qu'étudient la plupart des astronomes** professionnels n'est pas l'image directe d'une étoile mais celle que des détecteurs CCD, situés au bout du télescope, ont collectée (*voir* Observatoires).

- **Les grands télescopes modernes** utilisent des miroirs faits d'une mosaïque de petits miroirs hexagonaux recouverts d'une couche réfléchissante.

- **Les grands miroirs mosaïques sont contrôlés** par des ordinateurs qui vérifient que leur surface réfléchissante garde la bonne courbure.

▼ *Ce type de lunette astro est l'instrument le plus pra pour l'astronome amateur*

▼ *Le gigantesque miroir mosaïque d'un télescope de l'observatoire Smithsonian en Arizona.*

... LE SAVIEZ-VOUS ? ...
Les miroirs de télescopes doivent être polis
au 2 milliardième de millimètre près.

Herschel

- **William Herschel** (1738-1822) était un musicien astronome amateur qui construisit chez lui à Bath, en Angleterre, ses propres télescopes, les plus puissants de l'époque.

- **Jusqu'à l'époque d'Herschel,** les astronomes pensaient qu'il n'y avait, outre la Terre, que sept objets célestes indépendants : la Lune, le Soleil et cinq planètes.

- **Les cinq planètes alors connues** étaient Mercure, Vénus, Mars, Jupiter et Saturne.

- **Uranus,** la sixième planète, fut découverte par William Herschel en 1781.

- **Tout d'abord,** Herschel crut que ce point lumineux visible dans son télescope était une étoile, mais en y regardant de plus près il distingua un disque et non un point. En outre, l'objet s'était déplacé la nuit suivante – ce ne pouvait qu'être une planète.

- **Herschel voulut nommer la nouvelle planète** George, en l'honneur du roi George III, mais elle fut finalement baptisée Uranus.

- **Sa sœur Caroline** (1750-1848), également grand astronome amateur, fut la partenaire d'Herschel dans toutes ses découvertes. Elle catalogua les étoiles de l'hémisphère Nord.

- **Son fils John** (1792-1871) catalogua les étoiles de l'hémisphère Sud.

- **Herschel découvrit aussi** des étoiles doubles et dressa le premier catalogue de nébuleuses.

- **Herschel fut le premier à expliquer** que la Voie lactée était ce que nous voyions d'une galaxie « en forme de meule ».

▲ *William Herschel fut l'un des plus grands astronomes. Avec l'aide de sa sœur Caroline, il découvrit Uranus en 1781 et identifia plus tard deux des lunes d'Uranus et de Saturne.*

▶ *L'énorme télescope que construisit Herschel chez lui, à Bath en Angleterre, était extrêmement puissant pour l'époque.*

Les télescopes spatiau

- **Les télescopes spatiaux sont placés en orbite** autour de la Terre afin de pouvoir étudier l'Univers en s'affranchissant des perturbations et de l'absorption dues à l'atmosphère terrestre.

- **Le premier télescope spatial,** lancé en 1972, s'appelait *Copernicus*.

- **Le plus connu** est le télescope spatial *Hubble*, lancé par la navette spatiale américaine *Discovery* en 1990.

- **Des télescopes spatiaux spécifiques** étudient les différentes formes de rayonnements composant le spectre électromagnétique.

- **Entre 1989 et 1993 le satellite *COBE*** a mesuré le rayonnement micro-onde fossile du Big Bang.

- **Le rayonnement infrarouge** des objets ponctuels (étoiles, galaxies) ou diffus (poussières interstellaires, disques protoplanétaires) a été étudié par les observatoires spatiaux *IRAS* (1983) et surtout *ISO* (1995-1998).

- **Lancé en 1978, le satellite *IUE*** (*International Ultraviolet Explorer*) a analysé le rayonnement ultraviolet de l'Univers pendant 18 ans.

- *Helios* et *SMM* sont deux des nombreux télescopes spatiaux ayant étudié le Soleil.

- **Les rayons X** ont été étudiés par des satellites tels qu'*Einstein*, *Exosat* ou *XMM*.

- **Les rayons gamma** ne peuvent être détectés que par des télescopes spatiaux tels que l'observatoire Compton des rayons gamma (*CGRO*) en activité entre 1981 et 2000. Le satellite *Integral* prendra bientôt la relève.

▶ *Le miroir principal du télescope spatial* Hubble *avait un défaut de courbure qu'a corrigé un dispositif optique installé fin 1993 par les astronautes lors d'une mission de service de la navette spatiale. Les instruments scientifiques de* Hubble *sont régulièrement changés, multipliant ainsi les types de mesures. Arrêt prévu en 2010.*

Galilée

- **Galileo Galilei** (1564-1642), dit Galilée, était un grand mathématicien et astronome italien.

- **Galilée** est né à Pise le 15 février 1564, la même année que William Shakespeare.

- **Galilée aurait trouvé les lois** gouvernant l'oscillation des pendules après avoir regardé le balancement d'une lampe dans la cathédrale de Pise en 1583.

- **Les expériences de Galilée** avec des boules roulant sur des plans inclinés ont posé les bases de notre compréhension sur la façon dont la gravité affecte l'accélération des objets.

- **Apprenant l'invention de la lunette astronomique,** Galilée construisit son propre instrument pour observer la Lune, Vénus et Jupiter.

- **Galilée décrivit ses observations** astronomiques dans l'ouvrage intitulé *Le messager des étoiles*, publié en 1613.

- **Avec sa lunette,** Galilée découvrit que Jupiter avait quatre lunes (Io, Europe, Ganymède et Callisto). Il a aussi vu que Vénus présentait des phases comme notre Lune.

- **Les lunes de Jupiter et les phases de Vénus** furent les premières preuves visibles de la théorie de Copernic postulant que la Terre tourne autour du Soleil, à laquelle Galilée souscrivait.

- **Galilée fut déclaré hérétique** en 1616 par l'Église catholique pour son soutien à la théorie de Copernic. Plus tard, Galilée fut contraint sous la torture de nier que la Terre gravitât autour du Soleil ; la légende dit qu'il murmura ensuite « *Eppur si muove* » (Et pourtant elle tourne).

▲ *L'un des plus brillants scientifiques de tous les temps, Galilée finit sa vie emprisonné pour ses convictions dans sa villa près de Florence.*

▲ *Galilée étudia le ciel avec sa propre lunette dont il fait ici une démonstration aux membres du Sénat vénitien.*

. . . LE SAVIEZ-VOUS ? . . .
La condamnation de Galilée par l'Église n'a été désavouée que le 31 octobre 1992.

21

Hubble

- **Edwin Hubble** (1889-1953), célèbre astrophysicien américain, étudia d'abord le droit à Chicago et Oxford et fut un grand boxer avant de se tourner vers l'astronomie.

- **Jusqu'au début du** XXe **siècle,** les astronomes pensaient que notre galaxie contenait tous les objets de l'Univers.

- **Dans les années vingt,** Hubble montra que les taches lumineuses floues que l'on pensait être des nébuleuses étaient en fait des galaxies très éloignées de la nôtre.

- **En 1929,** Hubble mesura le décalage vers le rouge de la lumière émise par 18 galaxies et montra que toutes ces galaxies s'éloignaient de nous (*voir* Décalage vers le rouge).

- **Hubble découvrit** alors que plus la galaxie était loin, plus elle s'éloignait rapidement de nous.

▲ *L'une des premières découvertes de Hubble fut de montrer que certaines nébuleuses sont en réalité d'autres galaxies.*

- **La loi de Hubble** pose que le rapport de la distance d'une galaxie sur sa vitesse d'éloignement est constant.

- **La théorie du Big Bang** découle de la loi de Hubble : si les galaxies s'éloignent, l'Univers devient de plus en plus en grand – il a donc dû commencer en étant très petit.

- **La constante déterminée par la loi de Hubble** est la constante de Hubble et vaut, selon les estimations, entre 25 et 80 km par seconde par million d'années-lumière.

- **En 1930 Hubble** montra que l'Univers est isotrope (il a des propriétés identiques dans toutes les directions).

- **Le télescope spatial *Hubble*** a été baptisé ainsi en son honneur.

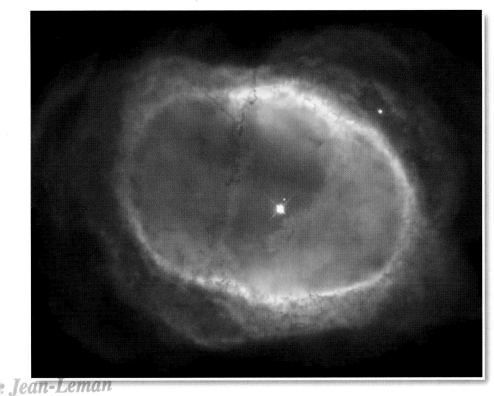

▲ *Image d'une nébuleuse planétaire obtenue par le télescope spatial* Hubble.

23

Les radiotélescopes

- **Les radiotélescopes** sont des télescopes qui observent les ondes radio au lieu de la lumière visible.

- **Comme les télescopes optiques,** un radiotélescope utilise un grand « miroir » – en fait, une parabole – pour collecter et focaliser les signaux radio.

- **Au foyer de la parabole** du radiotélescope, une antenne recueille les signaux radio.

- **Les ondes radio** étant de bien plus grandes longueurs d'onde que les ondes lumineuses, la parabole collectrice d'un radiotélescope doit être très grande – elle atteint souvent 100 m de diamètre.

- **Au lieu d'une seule grande parabole,** certains radiotélescopes utilisent un réseau de petites paraboles interconnectées. Plus la distance entre deux paraboles (la « base ») est grande, plus l'image est détaillée.

- **Le VLBA** (Réseau à très longue base) se compose de dix antennes paraboliques interconnectées disséminées à travers tout le territoire américain.

- **La radioastronomie** a permis la découverte des pulsars et du fond cosmologique diffus – le rayonnement micro-onde fossile du Big Bang.

- **Les radiogalaxies** sont des galaxies très lointaines et très peu visibles (parfois pas du tout) mais détectables par leurs émissions radio.

- **La radioastronomie** a montré que notre Voie lactée était une galaxie en forme de disque pourvu de bras spiralés.

> **... LE SAVIEZ-VOUS ? ...**
> Avec ses 305 m de diamètre, la parabole du radiotélescope d'Arecibo est la plus grande du monde.

▼ *De nombreux radiotélescopes utilisent un réseau d'antennes paraboliques reliées entre elles et exploitent les propriétés de l'interférométrie.*

Kepler

- **Johannes Kepler** (1571-1630) était un astronome allemand. Il découvrit les lois fondamentales régissant le mouvement des planètes.

- **Kepler conçut sa théorie** en étudiant le mouvement de Mars.

- **Kepler pensait qu'il existait** un rapport harmonique (au sens musical du terme) entre la vitesse de la planète au périhélie et celle à l'aphélie, qu'il appelait la « musique des sphères ».

- **Avant Kepler,** on pensait que les planètes se déplaçaient sur des cercles.

- **Kepler découvrit que la véritable forme** des orbites planétaires est une ellipse. C'est la première loi de Kepler.

- **La seconde loi de Kepler** établit que la surface balayée par le rayon de l'orbite d'une planète varie comme le temps mis à accomplir un tour d'orbite.

- **Une planète se déplace donc plus vite** sur son orbite près du Soleil (au périhélie), et plus lentement quand elle est le plus loin du Soleil (à l'aphélie).

- **La troisième loi de Kepler** stipule que le carré de la durée de révolution d'une planète (le carré du temps qu'elle met à accomplir un tour d'orbite autour du Soleil) dépend du cube de la longueur du grand axe de son orbite.

- **Les trois lois de Kepler sont universelles.** Elles décrivent le mouvement d'un satellite autour de sa planète, d'une planète extrasolaire en orbite autour de son étoile et d'une étoile autour du centre de sa galaxie.

- **Kepler a aussi écrit** un ouvrage sur la façon de mesurer la quantité de vin dans un tonneau, une méthode qui s'avéra très importante pour le calcul mathématique.

▲ *Bien qu'il ait presqu[e] perdu la vue et l'usage de ses mains à l'âge de[...] à cause de la variole, Johannes Kepler devin[t] l'assistant du grand astronome danois Tyc[ho] Brahe et poursuivit s[on] œuvre à la mort de ce[...]*

▲ *Johannes Kepler était soutenu dans ses recherches par l'empereur Rodolphe II à qui il explique ici ses découvertes sur les mouvements planétaires et auquel il dédia ses Tables rodolphines donnant les positions des planètes.*

Le zodiaque

- **Le zodiaque est la bande du ciel** contenant les constellations devant lesquelles le Soleil semble passer au fil de l'année. Il se situe à cheval sur l'écliptique.

- **L'écliptique** est le plan de l'orbite de la Terre autour du Soleil. La Lune et toutes les planètes sauf Pluton orbitent aussi dans ce plan.

- **Dans l'Antiquité,** les Grecs ont divisé le zodiaque en 12 secteurs nommés d'après la constellation qui s'y trouve ; ce sont les signes du zodiaque.

- **Les 12 constellations du zodiaque** sont le Bélier, le Taureau, les Gémeaux, le Cancer, le Lion, la Vierge, la Balance, le Scorpion, le Sagittaire, le Capricorne, le Verseau et les Poissons.

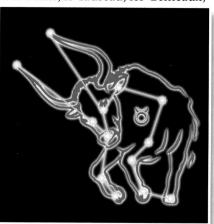

- **Les astrologues** pensent que le mouvement des planètes et des étoiles a un effet sur la vie des gens. Ce ne sont pas des scientifiques.

- **Pour les astrologues,** toutes les constellations du zodiaque sont de tailles égales – ce n'est pas le cas pour les astronomes.

- **La Terre est un peu plus inclinée** sur l'écliptique que dans l'Antiquité, et les vraies constellations ne coïncident plus avec celles du zodiaque.

▲ *Le Taureau (en latin,* Taurus*).*

- **Une treizième constellation,** Ophiuchus, se trouve désormais dans le zodiaque, mais les astrologues l'ignorent.

- **Les dates** auxquelles le Soleil semble passer devant chaque constellation ne correspondent plus à celles utilisées par les astrologues pour déterminer les signes zodiacaux.

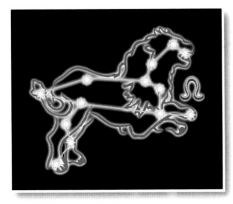

◀ *Le Lion* (Leo).

▼ *La Balance* (Libra).

◀ *Le Bélier* (Aries).

▲ *Les signes du zodiaque sont des symboles que les astronomes de l'Antiquité ont associés à certaines configurations d'étoiles.*

· · · LE SAVIEZ-VOUS ? · · ·
De nombreuses personnes pensent que la configuration du ciel affecte notre comportement.

Le décalage vers le rouge

- **Quand une ambulance s'approche** de nous, le bruit de sa sirène semble d'abord suraigu, puis normal à notre hauteur, puis plus grave quand la voiture s'éloigne. C'est l'effet Doppler-Fizeau.

- **Le même effet s'observe pour la lumière :** la fréquence du rayonnement émis par un objet qui s'approche de nous est plus courte, celle d'un objet qui s'éloigne, plus longue.

- **L'effet Doppler-Fizeau** a été découvert parallèlement par le mathématicien tchèque Christian Doppler et par le physicien français Armand Fizeau dans les années 1840.

- **Quand une galaxie s'éloigne** de nous, la lumière qu'elle émet voit sa fréquence augmenter : ses émissions lumineuses se décalent vers le rouge.

- **Le décalage vers le rouge** est proportionnel à la vitesse de l'objet qui émet le rayonnement.

- **Edwin Hubble a montré** que toutes les galaxies s'éloignent de nous et que leur décalage vers le rouge était d'autant plus grand que les galaxies étaient lointaines – c'est la loi de Hubble.

- **L'expansion de l'Univers** est une conséquence directe de la loi de Hubble.

- **Le décalage vers le rouge record** est de 4,25. Il est détenu par le quasar 8C1435+63 qui « fuit » à près de 96 % de la vitesse de la lumière !

- **Le décalage de la lumière** peut aussi se faire vers le bleu – par exemple, quand une galaxie éjecte un jet de matière dans notre direction.

- **Le décalage vers le rouge ou vers le bleu** d'un objet lumineux permet d'estimer sa vitesse ou sa dynamique – le sens de rotation d'une étoile, la vitesse des atomes au sein d'un nuage de gaz ou les mouvements de matière autour d'un trou noir.

▶ *Le décalage vers le rouge des galaxies vient de ce qu'elles s'éloignent de nous. Plus la galaxie est distante, plus il est grand.*

...LE SAVIEZ-VOUS ?...
Les galaxies les plus distantes, des quasars,
ont de si grands décalages vers le rouge
qu'elles doivent s'éloigner de nous à des
vitesses proches de celle de la lumière !

L'année-lumière

- **Les distances dans l'espace** sont si vastes qu'on les mesure en les comparant à la chose la plus rapide de l'Univers : la lumière.

- **La vitesse de la lumière** est de 299 792 km par seconde.

- **Une seconde-lumière** est la distance que parcourt la lumière en une seconde, soit 299,8 millions de mètres.

- **Une année-lumière** est la distance que parcourt la lumière en une année, soit 9 461 milliards de km. C'est une des unités de distance en astronomie avec l'unité astronomique (la distance Terre-Soleil, soit 149,6 millions de km) et le parsec.

- **La lumière met 8 minutes** à venir du Soleil à la Terre.

- **La lumière met 5,46 ans** à atteindre l'étoile la plus proche du Soleil, Proxima Centauri ; on dit que l'étoile est à 5,46 années-lumière.

- **Nous voyons en fait Proxima Centauri** telle qu'elle était 5,46 années auparavant parce que sa lumière a mis ce temps pour nous atteindre.

▲ *Dans l'espace, les distances sont si grandes qu'elles sont mesurées en années-lumière, la distance que parcourt la lumière en un an.*

- **Avec les plus puissants télescopes,** les astronomes distinguent des galaxies à 2 milliards d'années-lumière. On les observe donc telles qu'elles étaient quand les seules formes de vie sur Terre étaient des bactéries.

- **Le parsec** est la distance d'une étoile dont la parallaxe est d'une seconde. Une année-lumière vaut 0,3066 parsec.

Étoiles les plus brillantes du ciel

Nom	Étoile dans la constellation	Magnitude apparente	Distance (en années-lumière)
Alpha Canis Majoris	Sirius	− 1,44	9
Alpha Carinae	Canopus	− 0,62	310
Alpha Centauri	Rigil Kentaurus	− 0,7	4
Alpha Bootis	Arcturus	− 0,05	37
Alpha Lyrae	Vega	0,03	25
Alpha Aurigae	Capella	0,08	42
Beta Orionis	Rigel	0,18	770
Alpha Canis Minoris	Procyon	0,40	11
Alpha Eridani	Achernar	0,45	144
Alpha Orionis	Bételgeuse	0,45	430
Beta Centauri	Hadar	0,61	530
Alpha Aquilae	Altaïr	0,76	17
Alpha Crucis	Acrux	0,77	320
Alpha Tauri	Aldébaran	0,87	65
Alpha Virginis	Spica	0,98	260
Alpha Scorpii	Antarès	1,06	600
Beta Geminorum	Pollux	1,16	34
Alpha Piscis Austrini	Fomalhaut	1,17	25
Beta Crucis	Mimosa	1,25	350
Alpha Cygni	Deneb	1,25	3 000
Alpha Leonis	Regulus	1,36	78
Epsilon Canis Majoris	Adhara	1,50	430
Alpha Geminorum	Castor	1,58	52
Gamma Crucis	Gacrux	1,59	88
Lambda Scorpii	Shaula	1,62	700
Gamma Orionis	Bellatrix	1,64	240

Note : Ces étoiles ne sont pas toutes visibles depuis l'hémisphère Nord.

Les rayons X

- **Les rayons X** sont des rayonnements électromagnétiques très énergétiques de longueurs d'onde plus courtes que les ultraviolets et plus longues que les rayons gamma.

- **Les rayons X « thermiques »** sont produits par les gaz très chauds – des plasmas de plus d'un million de degrés.

- **Les principales sources X thermiques** dans l'espace se rencontrent dans la couronne de toutes les étoiles, le halo des galaxies, certains nuages intergalactiques ou les disques d'accrétion autour des trous noirs.

- **Des rayons X sont produits** par effet synchrotron, quand des électrons très rapides interagissent avec un champ magnétique.

- **Les principales sources X synchrotron** sont les restes de supernovae (ex. : la nébuleuse du Crabe), les systèmes binaires et les noyaux des galaxies actives.

- **Les rayons X cosmiques** ne peuvent traverser l'atmosphère terrestre. Pour les détecter, les astronomes doivent utiliser des télescopes spatiaux spécifiques comme *AXAF*, *Beppo-SAX* ou *Chandra*, actuellement en activité.

- **La première source X** trouvée (en dehors du Soleil) est l'étoile Scorpius X-1, découverte en 1962 par le satellite *Uhuru*. On en connaît aujourd'hui des dizaines de milliers, pour la plupart de faible intensité.

- **Les plus intenses sources X de la Galaxie** sont des systèmes binaires comme Scorpius X-1 et Cygnus X-1, où de la matière arrachée à un gros compagnon stellaire s'écrase sur une étoile à neutrons ou peut-être un trou noir.

- **Les binaires X** émettent 1 000 fois plus de rayons X que notre Soleil.

- **Les noyaux de galaxies actives** abritant de gros trous noirs sont de très puissantes sources extragalactiques de rayons X .

▶ *Le Soleil fut la premièr
source de rayons X décou*

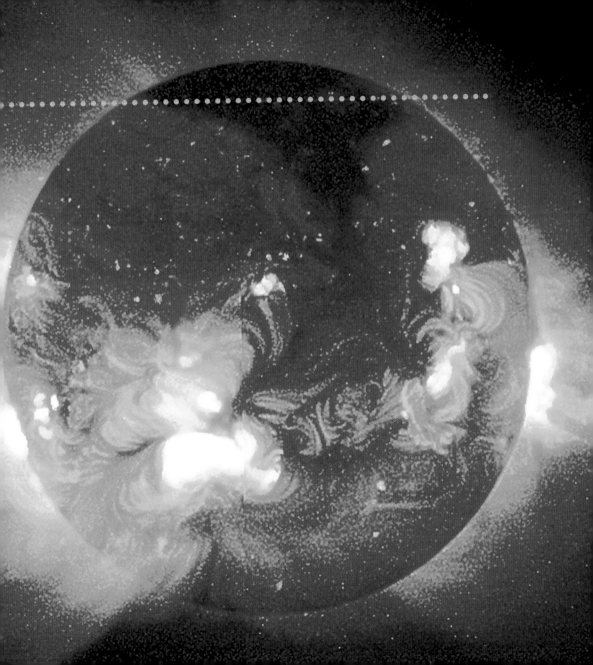

Newton

- **Isaac Newton** (1642-1722), un savant britannique, a conçu les lois qui régissent les mouvements de tous les corps dans l'Univers.

- **Newton commença par préciser** les idées fondamentales de l'espace, du temps, de la masse, de la force et de l'accélération.

- **Les trois lois de la mécanique universelle** relient ces concepts : le principe d'inertie, la loi de l'accélération et le principe de l'égalité de l'action et de la réaction.

- **Le principe d'inertie** distingue la masse d'un objet et son poids, qui est le produit de sa masse par l'accélération gravitationnelle du lieu (il ne pèse plus rien en apesanteur).

- **La loi de l'accélération** dit que la force exercée sur un objet est le produit de sa masse par son accélération.

- **Newton unifia ensuite** les lois de Kepler, les lois de Galilée et ses trois lois en une seule, la loi de l'attraction universelle, exposée en 1686 dans les *Principes mathématiques de la philosophie naturelle.*

- **La loi de l'attraction universelle explique pourquoi** la gravité fait tomber les choses vers le sol et orbiter les planètes autour du Soleil.

▲ *Newton a aussi déc que la lumière blan Soleil se décompose en les couleurs de l'arc-(son spectre) en pas travers un prisme de*

36

- **L'attraction gravitationnelle** entre deux objets dépend du produit de leurs masses divisé par le carré de leur distance relative – plus les deux objets sont légers et distants, plus l'attraction qu'ils exercent l'un sur l'autre est faible.

- **La loi de l'attraction universelle** a permis aux astronomes de détecter des étoiles et des planètes jusqu'alors inconnues comme Neptune et Pluton, par l'effet de leur gravité sur les autres objets spatiaux.

▲ *La théorie de la gravité de Newton montra pour la première fois pourquoi la Lune reste sur son orbite autour de la Terre, et comment leur attraction gravitationnelle mutuelle se décrit mathématiquement.*

▲ *Newton fut fait professeur lucasien de mathématiques à l'université de Cambridge en 1669, où il étudia comment et pourquoi les objets se déplacent dans l'Univers.*

Les sondes Voyager

- **Les sondes spatiales américaines** *Voyager,* au nombre de deux, ont été envoyées explorer les planètes externes du Système solaire et leurs lunes.

- *Voyager 1* a été lancée le 5 septembre 1977. Elle a survolé Jupiter en mars 1979, puis Saturne en novembre 1980, et a continué sa trajectoire incurvée jusqu'aux limites du Système solaire qu'elle a quitté en 1990.

- *Voyager 2* voyageait plus lentement. Lancée 2 semaines avant *Voyager 1*, elle a atteint Jupiter en juillet 1979 seulement, puis Saturne en août 1981.

- **Les sondes** *Voyager* ont utilisé l'assistance gravitationnelle de Jupiter pour repartir vers Saturne.

- **Tandis que** *Voyager 1* sortait du Système solaire, *Voyager 2* a poursuivi sa route vers Uranus, survolée en janvier 1986, puis Neptune (24 août 1989). Elle a pris les premières photographies rapprochées de ces deux planètes.

◀ *Io, la lune de Jupiter sur Voyager 2 en doit sa couleur aux rejets de sou de ses volcans actifs.*

- **Les sondes** *Voyager* ont révélé les volcans actifs de Io, l'une des lunes galiléennes de Jupiter.

- *Voyager 2* **a découvert** dix nouvelles lunes et deux anneaux autour d'Uranus.

- *Voyager 2* **a découvert** six nouvelles lunes et deux nouveaux anneaux autour de Neptune.

▶ Voyager 2 *a atteint Nep 1989 et nous a envoyé une d'informations nouvelles su lointaine planète.*

. . . LE SAVIEZ-VOUS ? . . .

Les sondes *Voyager* resteront en contact radio avec la Terre jusqu'en 2020, puis elles poursuivront leur voyage au-delà du Système solaire.

Index